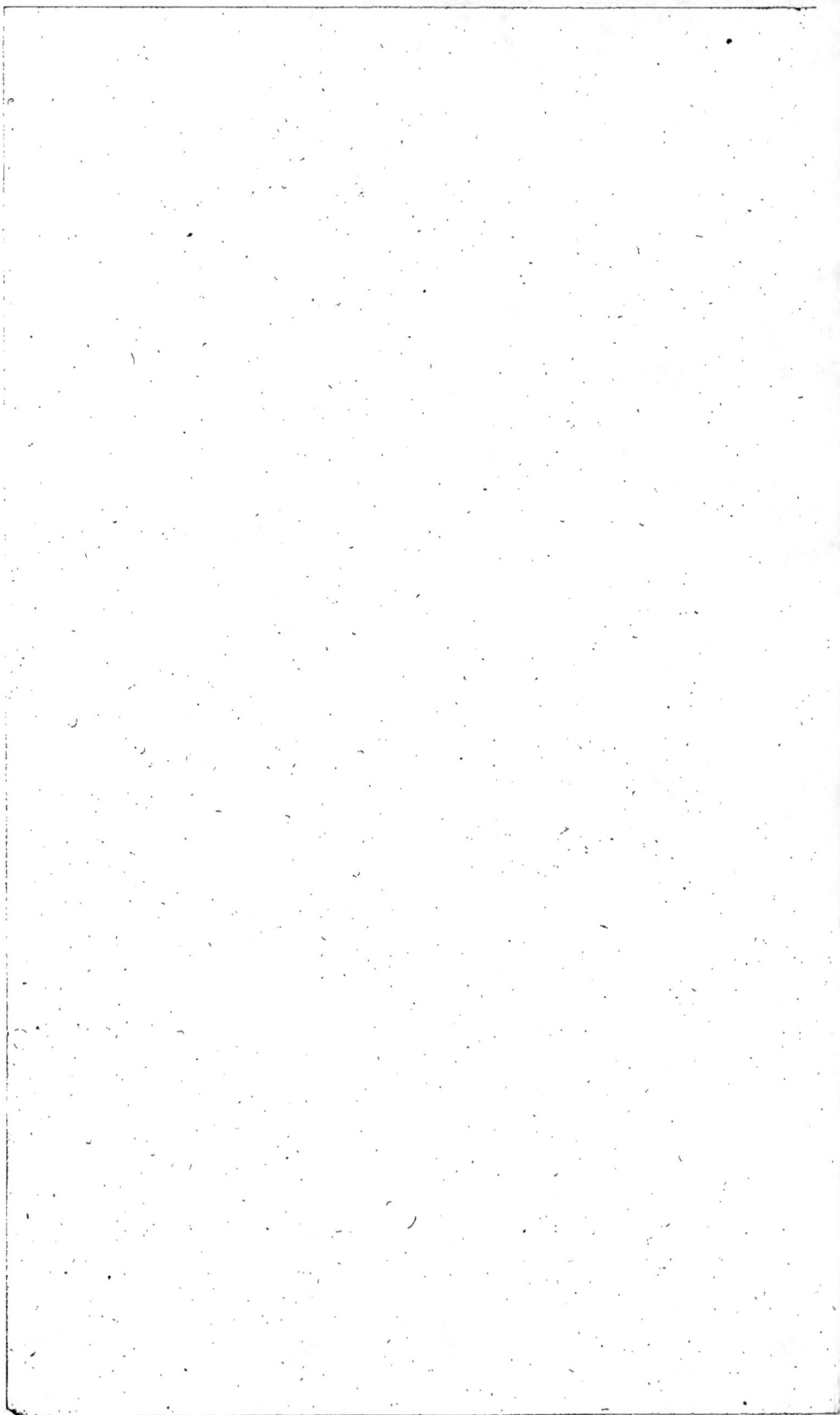

TRAHISON

DU MARÉCHAL

BAZAINE

L'Armée Française sous les murs de Metz

PAR

EUGÈNE R...

Lieutenant d'infanterie

TÉMOIN OCULAIRE DES ÉVÉNEMENTS

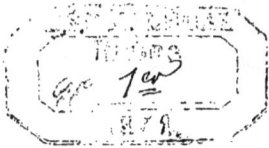

LYON

LAPIERRE-BRILLE, ÉDITEUR

6, RUE DE LA BARRE

—

1871

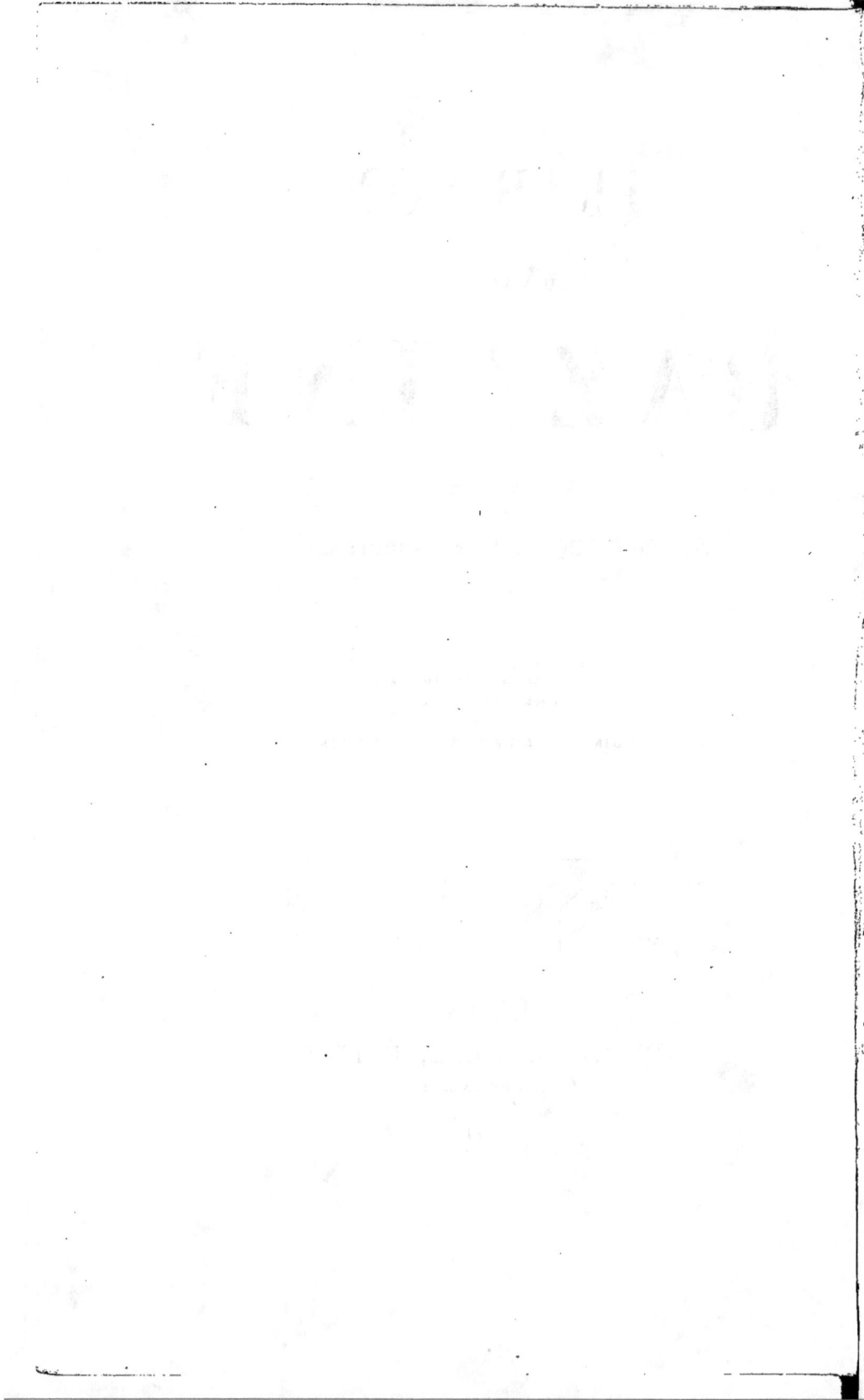

Je dédie ces pages au lieutenant d'Infanterie Henri Salva, mon meilleur ami et l'un des plus dignes Républicains de France. Victime comme moi depuis vingt ans des injustices d'un pouvoir détesté, ayant vu sa carrière brisée par les hommes corrompus de l'Empire, il comprendra l'indignation bien naturelle qui a conduit ma plume.

Nous pouvons dire tous deux avec orgueil que les actes les plus arbitraires, pris contre nous par une autorité militaire indigne, n'ont pu nous abattre.

Nos maux sont oubliés puisque la République est fondée en France.

Une fraternelle poignée de main à Salva, actuellement prisonnier en Prusse.

EUGÈNE R...

LIEUTENANT D'INFANTERIE

Lyon, le 17 Décembre 1870.

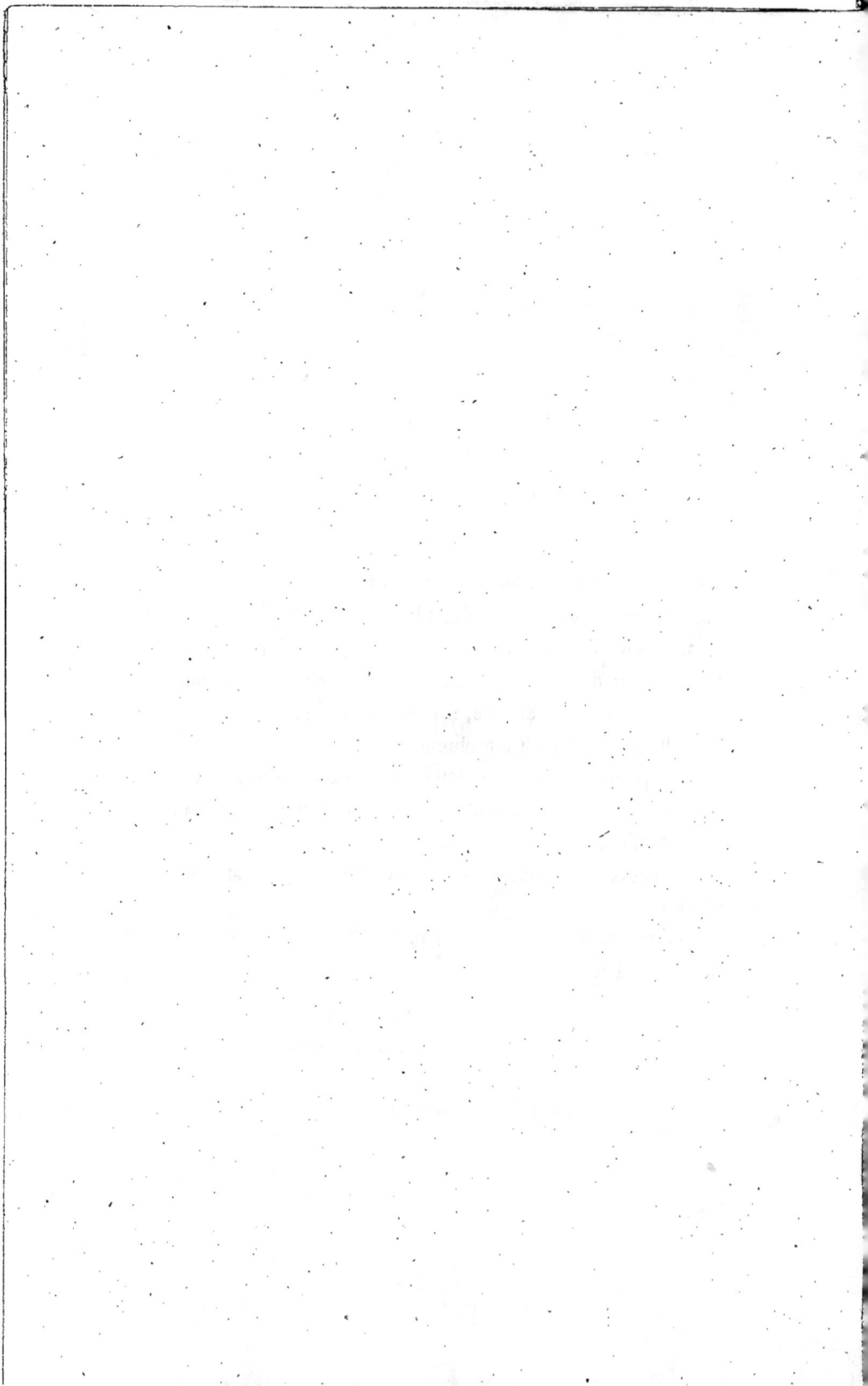

TRAHISON

DU MARÉCHAL

BAZAINE

En 1867, une lettre signée du général mexicain Ortéga parut dans l'*Opinion nationale*; ce général accusait Bazaine d'avoir vendu à son profit 2000 fusils et 2,000,000 de capsules appartenant à l'État; il lui reprochait également sa monstrueuse conduite envers Maximilien, l'ex-empereur du Mexique.

A cette époque, des regards indiscrets n'avaient pas encore plongé dans la vie de Bazaine, personne cependant n'ignorait son premier mariage scandaleux; on se demandait bien dans l'armée : Quels services ce général vient-il de rendre à la France, pour être investi subitement de la confiance de

l'Empereur ? Quelle victoire l'a rendu célèbre ?
Quels sont ses talents militaires ? Généralement
il parle peu, et quand il ouvre la bouche, ce qui
lui arrive rarement, on est étonné de sa nullité.

Maintenant nous tenons pour vraie la lettre d'Ortéga.

Pour cette ignoble expédition du Mexique, source
de ruines pour tant de familles françaises, pour
cette expédition dégoûtante d'intérêts privés et
scandaleux, l'homme du deux décembre ne pouvait
mettre la main que sur un général profondément
taré, il choisit donc Bazaine, et ce voleur patenté
par Napoléon III a bien justifié la confiance de son
digne maître.

La conduite de Bazaine depuis le commencement
de la guerre, vient d'augmenter, s'il est possible, la
couche de honte amassée sur sa tête.

Pauvre et malheureuse France !! Dieu dans sa
colère a voulu punir tes dix-huit années de défail-
lance morale en mettant à la tête de ton armée des
Bazaine, des Lebœuf, des Frossard et des Canro-
bert ; est-il possible de trouver tant d'incapacité
réunie à tant de lâcheté, à tant de trahison ?

Mais la patrie se relèvera plus grande et plus
puissante, elle aura puisé de nouvelles forces dans
l'adversité et cette grotesque mascarade de l'Em-

pire, et tous ces misérables cachant leur nullité sous
des panaches et 'sous leurs grosses épaulettes,
tous ces hommes sans foi et sans honneur, profondément pervertis, capables de toutes les apesta-
sies, ces hommes, dis-je, auront servi du moins à lui
donner une leçon dont elle profitera; elle ne con-
fiera plus ses destinées aux caprices d'un maître et
la République une et indivisible, ce gouvernement
du peuple par le peuple, ce gouvernement qui
bientôt réunira tous les peuples du monde sous ses
lois, ce gouvernement sera fondé en France et pour
toujours.

Dix-huit années d'oppression et de saturnales
avaient commencé à abaisser notre niveau moral,
le souffle empoisonné de cet empire avait cor-
rompu beaucoup de consciences; la magistrature
en partie vendue et avilie, les Préfets, Sous-Préfets,
Maires et Adjoints, ces séïdes du pouvoir, changés
en courtiers électoraux; des maréchaux et des généraux incapables, stupides, gorgés d'honneurs et
de sacs d'argent; presque toutes les têtes de co-
lonne de nos régiments à plat ventre devant l'autorité, gens poussés par une ambition sans bornes
et capables de toutes les platitudes pour arriver,
une armée vaillante, il est vrai, mais diminuée de
moitié.

Les quatrièmes bataillons de nos régiments en formation.

La garde nationale mobile non organisée.

Toutes nos places de l'Est sans vivres et sans armement (*Les forts et les remparts de Metz ne furent armés que les 13 et 14 août*).

Deux cent vingt mille hommes seulement éparpillés de Thionville à Strasbourg. Puis, sur la frontière, devant nous, prêtes à nous écraser, trois armées prussiennes de trois cent mille hommes chacune, réunies en masses profondes, des généraux capables, instruits, résolus, commandant à des troupes solides, exercées, victorieuses de l'Autriche, une artillerie formidable et bien servie, trois fois supérieure en nombre à la nôtre; voilà dans quelles conditions nous avons commencé une guerre injuste pour soutenir et relever un empire dégradé qui s'est lâchement écroulé à Sedan sous la risée et le mépris de l'Europe entière.

Après les désastreux combats de Wissembourg et de Freschwiller, après la sanglante affaire de Forbach où cet infâme Frossard montra tant d'ignorance et ne parut même pas sur le champ de bataille, nos affaires pouvaient encore se relever si Bazaine avait eu le moindre talent militaire, si Mac-Mahon et de Failly au lieu de précipiter leur retraite avaient essayé de couvrir Nancy et occupé fortement la ligne des Vosges si redoutable et si facile à défendre, en y jetant quelques milliers d'hommes résolus, commandés par des officiers éprouvés, si le chemin de fer de l'Est avait été détruit, si on avait fait sauter les ponts et tunnels, si la voie ferrée de Nancy à Strasbourg avait été rendue impraticable, si la ville de Toul, cette petite place si importante, puisqu'elle commande le chemin de fer de l'Est et présente, pour ainsi dire, la dernière barrière pouvant arrêter l'ennemi, si Toul, dis-je, avait eu dans ses murs une garnison nombreuse, si on avait construit rapidement une forte redoute sur le mont Saint-Michel qui commande la place, si au lieu de laisser soixante bouches à feu, quarante mille projectiles et trois millions de matériel dans la place de Marsal défendue seulement par deux cent cinquante soldats tailleurs et cordonniers, formant le petit dépôt et la compagnie hors rangs du 60° de ligne, on avait dirigé cette artillerie sur Metz et Thionville, ces canons, pris par les Prussiens n'auraient pas servi à bombarder Toul et à mitrailler des Français.

Mais à quoi pensait donc le général commandant la 5e division militaire? Que faisait à Nancy cette nullité appelée Général de Braüer ? est-ce

que ces deux généraux ignoraient l'existence de
Marsal, place si importante, couverte par les forts
d'Orléans et d'Araucourt et parfaitement garantie
par les inondations de la Seille et de l'étang de
Lindre? De deux choses l'une, ou ces généraux
sont des traîtres ou des ânes, mais alors l'ignorance chez un général est un crime; ces deux
hommes devront être mis en jugement.

Si Bazaine, dont les différents corps d'armée (envi-
ron cent vingt mille hommes) se trouvaient réunis
sous le canon de Metz, le 12 août, au lieu de se laisser
bloquer stupidement par deux cent mille Prussiens,
si Bazaine avait jeté ses malades, ses bagages et
dix mille hommes de renfort dans cette place, et,
par une marche rapide, s'était replié sur Mac-
Mahon, nous aurions eu pour couvrir Paris deux
cent mille soldats solides, éprouvés par le malheur,
auxquels se seraient joints les bataillons de la
garde nationale mobile, l'armée en formation dans
la capitale, l'armée de la Loire, les troupes de
l'Ouest; ajoutant à ces forces les compagnies de
francs-tireurs des départements, nous aurions pu
alors opposer au débordement des Prussiens huit
ou neuf cent mille hommes résolus, ayant une
bonne organisation, et le noyau principal de l'armée française.

Metz, défendu par six mille gardes nationaux sé-
dentaires, six mille gardes nationaux mobiles, quatre mille paysans armés et dix mille hommes de
troupes de ligne, aurait tenu indéfiniment en immo-
bilisant autour de ses murs cent quatre vingt mille
Prussiens; l'infâme capitulation n'aurait pas été
signée, et deux cent cinquante mille soldats français ne seraient pas actuellement en captivité.

Mais rien, rien de tout cela n'a été fait, et l'incapacité notoire de nos généraux, et la faiblesse criminelle de nos chefs de corps d'armée devaient
nous faire tomber dans le piége qui nous était
tendu et perdre une des plus belles armées du
monde.

Quelques souvenirs glorieux viennent cependant prouver à la France, à l'Europe, que nos régiments, nos soldats et nos officiers étaient dignes
d'un meilleur sort. La bataille de Borny, livrée le
14 août sous les murs de Metz, jeta un vif éclat
sur nos armes : soixante mille Français, mal commandés, refoulèrent complètement l'armée du général Steinmetz (cent soixante mille hommes en-
viron); plusieurs positions furent enlevées au pas
de charge, malgré le feu épouvantable d'une artillerie supérieure. Dans cette glorieuse affaire, la
garde royale prussienne fut décimée.

L'élan était vigoureusement donné; pourquoi
Bazaine n'a-t-il donc pas poursuivi nos succès?
Ignorance! Incapacité! A dix heures du soir, nous
abandonnions des positions conquises au prix de
tant de sang!

Le 16, deux jours après Borny, une deuxième bataille s'engage à Gravelotte, sur la route de Verdun.
Officiers et soldats sentent le besoin de vaincre; la
patrie compte sur tous : là encore nous sommes
vainqueurs; les masses prussiennes sont écrasées;
la trouée est de nouveau possible, car la route de
Verdun nous est ouverte. Hélas! Bazaine s'arrête.
Victoire stérile! Le surlendemain, 18, la route de
Verdun nous était coupée.

Le 18, troisième grande bataille. Les Français
luttent à outrance contre deux armées prussiennes
ayant opéré leur jonction. Nos régiments sont hé-
roïques; nous nous battons contre des forces tri-
ples. Nos pertes sont grandes; cependant nous
conservons nos positions, mais à quel prix?

Pendant la bataille, on se demande où est le maréchal Bazaine, où est la garde impériale. Mystère!
Pendant que nos officiers et nos soldats mouraient
bravement pour la France, en faisant noblement
leur devoir, Bazaine se reposait au fort Plappe-
ville, et la garde, n'ayant pas reçu d'ordres, n'arri-

vait sur le théâtre de l'action que le soir, à la nuit.

Ignorant, lâche et misérable Bazaine, vous rendrez compte un jour à la France de votre infâme conduite; tous les officiers de l'armée vous accusent, quarante millions de Français vous maudissent et vouent à jamais votre nom à l'infamie.

Croira-t-on jamais qu'à la ferme de Moscou, pendant la bataille du 18, quarante de nos pièces cessèrent complètement leur feu à trois heures de l'après-midi, faute de *munitions*, et furent en partie démontées par l'artillerie ennemie, et cela à 8 kilomètres d'un parc de réserve, aux portes d'une place comme Metz, regorgeant de matériel et si bien approvisionnée. Les soldats du 59e et du 60e de ligne attesteront la vérité de ce fait inqualifiable et criminel, dont la responsabilité écrasante retombe sur le général commandant l'artillerie, sur le maréchal Lebœuf, commandant le troisième corps, et sur cet inepte baron Aymard, commandant la quatrième division de ce corps.

Après la sanglante bataille du 18 août, les différents corps de l'armée française prirent position autour de la ville de Metz et se couvrirent par des tranchées, pendant que les Prussiens, déployant leurs masses profondes, commencèrent la construc_

tion de leurs lignes fortifiées et investirent étroitement et l'armée et la ville.

Le quartier-général du prince Frédéric-Charles
fut installé au village d'Ars-sur-Moselle, pendant
que Bazaine établissait commodément le sien dans
un château splendide situé au Ban-Saint-Martin, à
un kilomètre de Metz.

Nous allons assister maintenant jour par jour,
heure par heure, à l'agonie d'une ville n'ayant jamais été prise, une des premières places fortes de
l'Europe, le boulevard de la France dans l'Est,
couverte par quatre forts inexpugnables, tenant
l'ennemi à huit kilomètres des remparts, et garantie
en outre par les inondations de la Moselle et de la
Seille.

Nous verrons une armée solide, éprouvée, victo-
rieuse dans trois batailles rangées, bloquée dans
son camp retranché par un ennemi qu'elle avait
vaincu, se désorganiser progressivement et se
fondre, pour ainsi dire, au souffle des maladies,
des privations et du découragement ; nous verrons
cette armée demandant à marcher, à faire une
trouée, retrouvant son énergie et sa bravoure dans
les rares sorties que faisait exécuter Bazaine pour
dissimuler jusqu'au dernier moment sa lâche trahison, en attendant l'instant où il pourrait lever le

masque et dire à ses soldats indignés : Nous sommes
vaincus par la faim, livrons nos armes, transigeons
avec l'honneur, perdons l'avenir du pays et pas-
sons sous les fourches caudines; moi, Bazaine,
maréchal de France, je vais vous en donner le
premier l'exemple..

« La capitulation de Sedan, a écrit le général
Pellé, est une honte pour tout un peuple, » il a
refusé de la signer, mais que pensera l'Europe de
celle de Metz?

A Sedan, le régiment de zouaves, en colonnes
serrées, se frayant un sanglant passage à travers
les lignes prussiennes donne raison aux paroles
énergiques et sévères du général; ce sublime régiment s'est couvert d'une gloire immortelle, en
montrant le chemin à une armée française courbant
la tête sous les aigles prussiennes, à la voix de ses
généraux.

A Sedan, quelques généraux de courage et d'énergie auraient suffi pour que toute l'armée suivit
l'exemple de ce noble régiment et pour éviter à la
France la honte de cette capitulation. A Metz, bien
plus encore, nous pouvions sauver et notre honneur et notre armée, si le misérable auquel les destinées du pays étaient confiées dans ce moment suprême n'avait pris à tâche d'annihiler avec un art

infernal notre énergie et nos dernières ressources.

La ville de Metz se rappellera toujours la grotesque comédie jouée par le général Coffinières,
lorsque le commandement de la place lui fut
confié ; cet homme, devant une foule frémissante
de patriotisme, la main sur le cœur, jura qu'il
ferait fusiller le premier qui parlerait de se rendre ;
c'est en vain maintenant qu'il cherche à couvrir sa
conduite par le décret du 13 octobre 1863, ainsi
conçu : « *Lorsqu'un général en chef est à proximité
d'une place, il en a le commandement absolu, c'est
lui qui nomme ou qui suspend le commandant su-
périeur, c'est lui qui doit assurer les approvisionnements, c'est lui qui prescrit les mesures de pré-
caution pour assurer la défense, etc.* »

Évidemment, le premier coupable est Bazaine,
qui abuse indignement de son autorité pour entraîner les officiers placés directement sous ses
ordres, afin de les rendre complices de son forfait ;
mais une part de cette culpabilité ne retombe-t-elle
pas sur ces généraux dont la faiblesse criminelle a
hâté notre ruine ? Que vient-on nous parler de discipline, d'obéissance absolue, sans commentaires.
Lorsque la trahison d'un chef est prouvée jusqu'à
l'évidence, ne doit-on pas lui résister, l'arrêter
même ; est-ce que les troupes républicaines ne

firent pas feu sur Dumouriez, lorsque cet autre traître prit la fuite après avoir vainement cherché à entraîner son armée contre la Convention ? Pourtant Dumouriez avait du génie, Dumouriez avait sauvé la France à Walmy, à Jemmapes ; mais la trahison est un crime que la postérité ne pardonne jamais, et cet homme, qui aurait pu devenir une des gloires les plus pures de son pays, fut condamné à traîner à l'étranger une vieillesse dégradée et à vivre d'une aumône que lui faisait annuellement l'Angleterre.

Vers la fin du mois d'août, le service des vivres fut organisé dans l'armée sur un pied qui laissait croire à l'existence de grands approvisionnements ; les rations de la troupe ne furent aucunement diminuées ; malgré les nombreuses observations faites au commandant en chef, la ville ne fut pas rationnée et les fourrages furent donnés à profusion ; aussi nos officiers et nos soldats, remis de leurs fatigues, impatients d'en venir aux mains, commencèrent à trouver étrange l'inaction dans laquelle on les laissait ; plusieurs officiers protestèrent et firent sentir la nécessité d'une trouée.

A cette époque, la trahison, en germe dans le cœur de Bazaine, n'avait pas encore pris le déve-

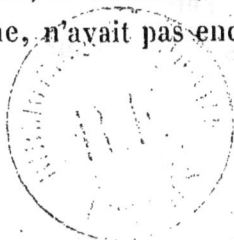

2

loppement que nous constaterons bientôt; une
grande indécision dans ses mouvements, une in-
certitude de tous les instants, un silence absolu
étaient déjà pour des esprits éclairés les signes
précurseurs des malheurs qui devaient fondre sur
l'armée.

Le 26 août, Bazaine sort de sa léthargie, des ordres de mouvements sont donnés, pendant quatre
heures nos différents corps se massent en avant du
fort Saint-Julien; il est évident qu'une bataille va
s'engager, l'armée entière est superbe d'entrain,
officiers et soldats comptent sur une victoire qui
doit nous permettre de marcher en avant. Hélas !!
La pluie survient et Bazaine, prétextant le mauvais
temps, donne aux troupes l'ordre de regagner leurs
campements. Pourtant nous savions tous que Mac-
Mahon et son armée marchaient vers le Nord, il aurait été facile alors de faire une trouée, d'opérer une
onction, on évitait ainsi le désastre de Sedan.
Étrange et mystérieux commandant en chef !! arrêté par la pluie.....

Quelques jours après, l'ennemi recevait des batteries de position et nous enserrait plus étroitement.

Le 31 août, l'armée prend les armes, nous atta-
quons enfin; l'ennemi est refoulé, ses positions
sont enlevées avec un élan admirable, le village

de Sainte-Barbe est pris, les Maxes sont emportées
après un combat sanglant, la journée promet ; si
Bazaine masse son artillerie sur un point central, si
l'armée par un suprême effort s'élance sur les lignes
prussiennes, la trouée est parfaitement possible,
même pendant la nuit; nous nous faisons jour et nous
sauvons la France ; mais aucun ordre n'est donné,
pas d'ensemble, pas de commandement, des généraux irrésolus ; le troisième corps reste depuis huit
heures du matin jusqu'à quatre heures du soir sans
recevoir l'ordre d'attaquer, mystère !! nous quittons
des positions qui nous ont coûté tant de sang, nous
abandonnons Sainte-Barbe et les Maxes en y lais-
sant les immenses approvisionnements qui s'y
trouvaient entassés et nous regagnons tristement
nos campements; pendant la nuit, les Prussiens
étonnés du silence qui se fait autour d'eux repren-
nent Sainte-Barbe et les Maxes, en détruisant les
denrées que nous avons négligé d'emporter ; ce
dernier village fut livré aux flammes.

Le soir de cette journée pendant lequelle nos
troupes furent admirables et luttèrent si vaillam-
ment, Bazaine rentrait à Metz sans s'occuper de ce
que devenait son armée.

Après les sanglants combats livrés le 31 août,
l'armée française, découragée mais non vaincue,

resta dans une inaction complète jusqu'au 7 octobre; les quatre forts couvrant Metz tirèrent cependant de nombreux coups de canon pour s'opposer à l'établissement des batteries de position de l'ennemi, mais le résultat de ces canonnades fût négatif et aucune amélioration ne fût constatée dans la situation de nos braves troupes, dont la désorganisation commença rapidement, suite naturelle des maladies occasionnées par les pluies et l'inclémence de la saison.

Les rations furent diminuées, le sel manqua presque complètement.

Les fourrages se faisant rares, on commence à manger les chevaux de la cavalerie.

La ville est rationnée et attaque ses vivres de réserve.

Une lassitude immense et un abattement profond s'emparent de nos régiments dont l'effectif diminue journellement, les compagnies ne sont plus commandées en moyenne que par un seul officier (les vacances n'étant plus remplies), nos ambulances et nos hôpitaux sont encombrés de malades et de blessés.

Dans cette triste position, officiers et soldats songent à la Patrie, à Paris dont on ne reçoit aucune nouvelle, à Mac-Mahon et à son armée; on se dit

tout bas, car les langues sont encore enchaînées
par la discipline : Mais que veut donc le commandant en chef ? quelles sont ses intentions ? Veut-il
attendre le moment où, affaiblis par le manque de
nourriture, nous n'aurons plus la force de tenir nos
armes, pour nous livrer à l'ennemi ? La défiance et
le soupçon entrent dans tous les cœurs; enfin, le
désastre de Sedan étant connu nous porte le dernier
coup, tous sans exception nous déclarons indignes
les généraux qui ont signé la honteuse capitulation.

Le 12 septembre des nouvelles officielles nous
arrivent, la déchéance de Napoléon, la formation
du gouvernement de la défense nationale et la proclamation de la République se répandent dans l'armée avec la rapidité de la foudre; nous lisons avec
enthousiasme la circulaire de notre grand citoyen
Jules Favre et nous saluons avec bonheur l'aurore
de la liberté.

Pendant que l'espérance commence à renaître
dans nos cœurs, un bandit, un maréchal de France,
notre commandant en chef, songe lâchement à
trahir son pays et à vendre son armée.

La déchéance de Napoléon fut un coup de foudre
pour Bazaine, dès ce moment son parti fut pris et
arrêté irrévocablement : ouvrir des intelligences
avec l'ennemi, se mettre en rapport, soit avec

l'Empereur, soit avec l'Impératrice, manger le
reste de ses vivres, achever de désorganiser son
armée pour la livrer à l'ennemi, afin de la mettre
ainsi dans l'impossibilité d'essayer une trouée,
faire tomber du même coup Metz dont le décret
du 13 octobre 1863 lui donnait le commandement
absolu, en qualité de commandant en chef à proximité d'une place forte, voilà quels furent les projets de ce misérable ; malheureusement, rien n'a
manqué à ce programme, et notre jeune République
qui certes devait compter sur la défense à outrance
de la plus forte de ses places de guerre, sur le
concours d'une armée dévouée, notre jeune République a vu de ce côté ses espérances brisées et
son avenir un moment compromis.

Les principaux chefs d'accusation qui écrasent
Bazaine se résument ainsi :

1° Pourquoi dans la deuxième quinzaine de septembre avoir invité tous les officiers de l'armée à
prendre connaissance, à l'état-major de chaque
division, des forces prussiennes ayant envahi la
France ?

Le but était clair et parfaitement dessiné : porter
le découragement dans les cœurs faibles, abattre
les courages et masquer la trahison. Qu'avions-nous
besoin de connaître le nombre de nos ennemis ?...

2° Pourquoi le général Bourbaki a-t-il quitté l'armée, quelle était sa mission, où est-il allé? Mystère...

3° Pourquoi n'avoir pas fait reconnaître dans l'armée le gouvernement de la défense nationale?

4° Pourquoi le général Boyer est-il allé à Londres, que signifie son entrevue avec l'Impératrice et les partisans de l'Empire?

Connaissant l'existence du gouvernement de a défense nationale et la proclamation de la République, cette démarche ordonnée par vous, Bazaine, est un crime de haute trahison qui retombe également sur votre premier aide de camp dont l'impudence a dépassé toutes limites en écrivant dans un journal belge, qu'il tenait sa mission de l'armée du Rhin tout entière; Monsieur le général Boyer, vous en avez menti !!! les officiers de l'armée vous jettent cette suprême insulte au visage et ne voient plus en vous qu'un traître; notre digne armée était incapable de trahir le pays, car elle s'est ralliée immédiatement au nouveau gouvernement.

5° Que signifie cette communication faite verbalement aux officiers par leurs chefs, le 19 octobre 1870, et dont voici les principaux passages[1]:

[1] Ces paroles n'ont jamais été imprimées, mais nous faisons appel aux souvenirs des quatre mille officiers qui, comme nous, les ont

« Messieurs, je suis chargé par monsieur le gé-
« néral de division, de la part de monsieur le
« maréchal commandant en chef, de vous faire
« connaître les faits importants qui se sont pro-
« duits depuis quelques jours ; monsieur le maré-
« chal Bazaine a cru devoir entrer en pourparlers
« avec l'ennemi. Il a désigné le général Boyer, qui
« s'est rendu à Versailles. . . . .
« . . . .

« Les renseignements recueillis par le général,
« le long de la route, auprès des chefs de gare, et
« auprès de diverses personnes, se résument ainsi :
« L'anarchie la plus complète règne actuellement
« en France ; Paris investi, affamé et sans commu-
« nications extérieures, doit s'ouvrir aux Prussiens
« dans très-peu de jours ; la discorde civile y pa-
« ralyse la défense ; les membres du comité de
« défense nationale ont été débordés ; Gambetta et
« de Kératry sont partis en ballon, l'un est venu
« tomber à Amiens, l'autre à Bar-le-Duc.
« Le désordre est au comble dans le midi de la
« France ; le drapeau rouge flotte à Lyon, à Mar-
« seille, à Bordeaux.
« Une armée de volontaires bretons a été dé-

entendues, et nous affirmons que nous en reproduisons le sens
littéral.

« truite du côté d'Orléans. La Normandie, par-
« courue par des bandes de brigands, a appelé les
« Prussiens pour rétablir l'ordre.

« Le Hàvre, Elbeuf, Rouen, ont actuellement
« des garnisons prussiennes, qui concourent avec
« la garde nationale à sauvegarder la sécurité pu-
« blique.

« Un mouvement d'un caractère religieux a
« éclaté en Vendée, le Nord désire ardemment
« la paix.

« La Prusse réclame la Lorraine, l'Alsace et
« plusieurs milliards d'indemnité de guerre; l'Italie
« réclame la Savoie, Nice et la Corse. . . . . .

« . . . .

« Les différentes villes ne s'accordent pas, quant
« à la forme d'un gouvernement nouveau. Les
« d'Orléans ne se sont pas présentés. . . . . .

« . . . .

« Le gouvernement prussien ne peut songer à
« établir des bases de négociations qu'en s'adres-
« sant au gouvernement de fait qui existait avant
« le 1er septembre, c'est à dire à la Régence ou au
« Corps législatif qui a siégé jusqu'au 1er septem-
« bre, mais pour que ce Corps puisse délibérer, il
« faut qu'il soit protégé par une armée française.

« Tel est le rôle qu'aura sans doute à remplir
« l'armée de Metz.

« En attendant le retour du général Boyer, re-
« parti pour Versailles, il est urgent de faire savoir
« aux troupes que la situation pénible où nous
« nous trouvons n'est que transitoire.

« L'armée sépare sa cause de celle de la ville de
« Metz. En attendant qu'elle puisse partir pour
« aller remplir une nouvelle mission patriotique,
« elle saura supporter encore courageusement
« quelques jours de privations.

« Si vous avez, Messieurs, quelques explications
« nouvelles à demander, je m'empresserai de vous
« les donner, mais je dois vous dire qu'aucune
« discussion ne saurait être admise. »

Ce discours a été écouté par tous dans le plus
profond silence, tellement nous étions frappés de
stupeur. Bazaine a donc levé le masque ; il veut
faire de nous les soldats d'un nouveau *Deux-Dé-
cembre*. Infamie !!! mêlés aux Prussiens, nous
allons marcher sur Paris pour mitrailler des Français et rétablir la famille maudite des Napoléon,
non ! Dieu ne permettra pas un tel crime, nos
armes nous tomberaient plutôt des mains ou se
tourneraient contre nous.

Ce ballon d'essai avait un but : tâter l'opinion

de l'armée et essayer de l'entraîner sous l'effort
de la discipline; mais le résultat qu'on croyait
obtenir ne fut pas atteint, et nos dignes officiers
ne répondirent même pas à ces lâches avances.

Ce chef d'accusation peut se passer de commentaires, il démontre la trahison de Bazaine jusqu'à
l'évidence. Ce n'est pas tout.

6° Pourquoi du 1ᵉʳ septembre au 7 octobre,
l'armée et la garnison de Metz n'ont-elles pas
exécuté des sorties, tenté des coups de main, fati-
gué, inquiété et harcelé l'ennemi? Chaque jour
nous aurions pu infliger à l'armée assiégeante des
pertes considérables qui auraient porté chez elle la
plus grande démoralisation. Trahison évidente.

7° Pourquoi, les opérations étant suspendues,
Bazaine a-t-il tenu constamment des conseils de
guerre mystérieux avec les généraux de l'armée?
Trahison !!!

8° Pourquoi, le 7 octobre, Bazaine a-t-il livré un
grand combat dans la plaine de Thionville? Pourquoi a-t-il engagé seulement quelques régiments
contre des forces énormément supérieures?...
Pourquoi n'a-t-il pas fait soutenir cette attaque
par tous les canons dont il pouvait encore dispo-
ser?

Malgré notre infériorité numérique, nos soldats,

toujours admirables, ont réussi à enlever les grandes Tappes, vigoureusement défendues.

Si plusieurs corps d'armée avaient été engagés,
les résultats pour nous auraient été incalculables;
mais tel n'était pas le plan du commandant en chef,
envoyer lâchement ses soldats à la boucherie favo-
risait bien mieux ses projets monstrueux.

Dans cette sanglante affaire, cinquante officiers
et près de mille soldats tombèrent bravement. Misérable Bazaine !!! le sang de ces braves retom-
bera éternellement goutte à goutte sur vous.

9° Pourquoi Bazaine a-t-il toujours fait peser une
censure arbitraire sur les journaux de Metz? (*Écrivant alors dans l'Indépendant de la Moselle, j'ai
remarqué plusieurs fois que les épreuves avaient été
retournées à la rédaction parce que le mot de République avait été employé.*)

10° Enfin dans son ordre de départ, pourquoi Bazaine a-t-il défendu strictement la destruction des
armes ? beaucoup d'officiers ne lui ont pas obéi et
ont fait briser les fusils de leurs soldats.

La trahison du sieur Bazaine, ex-commandant en
chef de l'armée du Rhin étant démontrée jusqu'à
l'évidence, nous demandons que cet homme soit déclaré traître à la patrie et que son non soit à jamais
voué à l'infamie.

Nous demandons également que tous les généraux présents à Sedan et à Metz qui n'ont pas pro-
testé soit verbalement, soit par écrit, contre
ces honteuses capitulations, soient révoqués et
déclarés indignes de servir dans les armées françaises.

Nous demandons encore que la conduite des co-
lonels et chefs de corps soit l'objet d'un examen
sérieux de la part d'une commission républi-
caine.

Enfin, nous demandons que le colonel Boissie du
60ᵉ de ligne soit déclaré traître à la patrie pour avoir
traité notre grand citoyen Jules Favre d'*immense
canaille* et avoir dit aux officiers de son régiment
qui ont voulu l'entendre :

*Les Membres du gouvernement de la défense na-
tionale ne valent pas six pieds de corde pour les
pendre.*

Ces paroles dans la situation grave où nous
nous trouvions constituent une véritable trahison.

Nos cœurs se brisent à ces souvenirs néfastes.
Non!!! la capitulation de Sedan et celle de Metz ne
sont une honte ni pour le peuple, ni pour l'armée ;

la lourde responsabilité de ces actes déshonorants retombe entièrement sur ces lâches généraux qui ont livré à l'ennemi les armes, le matériel, les drapeaux, les aigles, les canons et les munitions de la France, quand ils pouvaient imiter les zouaves, en faisant comme eux, après Sedan, une trouée à travers les lignes prussiennes.

Jetons un voile de deuil sur ce passé douloureux, sur cette triste page de notre histoire ; les coupables seront jugés par le pays et la postérité ratifiera le jugement, quelque sévère qu'il soit.

Serrons nos rangs et rallions-nous au gouvernement de la défense nationale ; les hommes qui le composent sont honnêtes, justes, énergiques ; le souffle révolutionnaire de 1792 anime tous ces grands cœurs ; ce gouvernement, par ses actes, est bien digne de l'immortelle Convention qui jadis sauva les libertés de la France, décréta la victoire, et donna à la coalition un si sanglant démenti.

Ne désespérons jamais de la sainteté de notre cause, montrons à l'Europe étonnée et craintive ce que l'amour de la patrie peut enfanter de ressources, ce que le sentiment national peut déployer de courage.

Quand à nous, notre tâche est terminée. En écrivant les lignes qui précèdent, nous n'avons pas voulu faire œuvre de parti, pas plus que nous n'avons obéi à un esprit de rancune ou de vengeance, nous avons été guidé par un sentiment plus noble en essayant de démontrer que la honte de ce dernier désastre ne doit pas rejaillir sur les vaillants soldats qui en ont été les témoins et les victimes, et qu'elle retombe de tout son poids sur la tête de celui qui, obéissant aux sentiments mesquins d'une basse et vulgaire ambition, nous a précipités dans l'abîme.

Je fais appel aux souvenirs de tous mes camarades, de ceux qui comme moi ont bravé tous les périls, pour échapper aux suites de l'infâme capitulation et venir mettre de nouveau leur cœur et leur bras au service de la France; je fais appel aussi aux souvenirs de ceux qui, moins heureux, et après avoir refusé comme nous d'être prisonniers sur parole ont préféré partager sur la terre d'exil les souffrances de leurs infortunés soldats.

C'est la tête haute que je m'appuie sur la foi de tous ces témoins oculaires et maintenant j'ai hâte de quitter la plume pour reprendre l'épée et aller rejoindre l'armée où nos frères donnent au monde un si bel exemple de patriotisme.

Groupons-nous donc autour du drapeau tricolore qui est celui de Walmy et de Jemmapes et marchons à l'ennemi aux cris de : Vive la France !!! Vive la République !!!

EUGÈNE R...,
Lieutenant d'infanterie.

A Lyon, le 17 décembre 1870.

FIN

LYON. — IMP. PITRAT AÎNÉ, RUE GENTIL, 4.

www.ingramcontent.com/pod-product-compliance
Lightning Source LLC
Chambersburg PA
CBHW060813280326
41934CB00010B/2671